LES

PEINTRES-VERRIERS

ÉTRANGERS A LA FRANCE

CLASSÉS MÉTHODIQUEMENT

SELON LES PAYS ET L'ÉPOQUE OU ILS ONT VÉCU

PAR

M. FERDINAND DE LASTEYRIE
Membre honoraire
de la Société nationale des Antiquaires de France.

...té nationale des Antiquaires
tome XL.

LES

PEINTRES-VERRIERS

ÉTRANGERS A LA FRANCE

LES

PEINTRES-VERRIERS

ÉTRANGERS A LA FRANCE

CLASSÉS MÉTHODIQUEMENT

SELON LES PAYS ET L'ÉPOQUE OU ILS ONT VÉCU

PAR

M. FERDINAND DE LASTEYRIE

Membre honoraire
de la Société nationale des Antiquaires de France.

Extrait des *Mémoires de la Société nationale des Antiquaires de France*, tome XL.

PARIS

1880

LES

PEINTRES-VERRIERS ÉTRANGERS

A LA FRANCE

CLASSÉS MÉTHODIQUEMENT

SELON LES PAYS ET L'ÉPOQUE OU ILS ONT VÉCU.

Deux histoires générales de la peinture sur verre ont été publiées de nos jours, l'une en Allemagne par M. Gessert[1], l'autre en Belgique avec un grand luxe de planches coloriées par M. Edmond Lévy[2]. L'un et l'autre de ces deux auteurs ont placé à la fin de leur ouvrage la liste générale des peintres-verriers dont ils avaient pu retrouver le nom. Bien qu'elles soient très considérables, ces listes déjà anciennes offrent bien des lacunes. J'ai pensé qu'il ne serait peut-être pas sans intérêt de les compléter, de les refondre,

1. *Geschichte der Glasmalerei*, in-8°. Stuttgard, 1839.
2. *Histoire de la peinture sur verre en Europe et particulièrement en Belgique*, gr. in-4°, fig. col. Bruxelles, 1860.

du moins en ce qui concerne les pays étrangers, avec l'aide des dernières publications faites hors de France.

MM. Gessert et Lévy avaient largement puisé dans les ouvrages de Levieil[1], de Vasari[2], de Fiorillo[3], dans le dictionnaire biographique de l'académie de Saint-Ferdinand[4], etc. J'ai puisé à mon tour dans les différentes histoires de la peinture sur verre, en Allemagne par M. Wackernagel[5], en Suisse par le Dr Lübke[6], dans l'histoire des arts du dessin au même pays de M. Rahn[7], dans l'Encyclopédie de Zani pour l'Italie et dans les nombreux écrits de MM. Ch. Winston et Augustus Franks pour l'Angleterre. J'ai enfin compulsé quelques anciens auteurs italiens et hollandais, j'ai recueilli dans mes voyages quelques renseignements inédits, et je suis parvenu ainsi à ajouter un assez grand nombre de noms à ceux que l'on connaissait déjà.

La liste générale donnée par Gessert ne faisait

1. *L'art de la peinture sur verre*, in-fol. Paris, 1774.

2. *Vite dei più illustri pittori, scultori e architetti*, 3 vol. in-4°. Rome, 1740.

3. Plusieurs traités en allemand sur l'histoire des arts du dessin en Angleterre, en France, en Allemagne, etc.

4. *Diccionnario de los mas illustres professores de las bellas artes*, 6 vol. in-8°. Madrid, 1800.

5. *Die deutsche Glasmalerei*, in-8°. Leipzig, 1855.

6. *Ueber die alten Glasmælde der Schweitz*, in-8°. Zürich, 1866.

7. *Geschichte der bildenden Künste in der Schweitz*, gr. in-8°, fig. Zürich, 1873-76.

guère connaître plus de deux cents artistes étrangers à la France et antérieurs au XIXe siècle. Celle de M. Lévy (la plus complète de toutes) ne donnait pas tout à fait deux cent cinquante noms. J'ai pu en réunir ici environ quatre cent quatre-vingts.

Mon unique but, en dressant ce catalogue, a été de réunir, sous la forme la plus succincte possible, un ensemble de renseignements utile et commode à consulter pour toute personne voulant aborder l'étude de la peinture sur verre au point de vue historique.

Mais, pour qu'un répertoire de ce genre ait toute son utilité, il faut, avant tout, que les recherches y soient faciles ; il faut y établir un classement méthodique et rationnel, qui permette de rattacher toute individualité au lieu et à l'époque où elle a vécu, et de grouper autour de chaque nom de ville ou de province les noms de tous les artistes qui y ont marqué leur passage à un moment quelconque de son histoire.

Cependant, pour procéder ainsi, une question se posait à moi tout d'abord. Sur quelle base devais-je établir le classement des nationalités ?

Evidemment la méthode la plus rigoureuse, la plus scientifique, consistait à donner à chaque artiste cité la nationalité indiquée par la division de l'Europe à l'époque où il vivait. Mais alors comment grouper, comment relier ensemble tous les souvenirs d'une ville, d'une province, comme

il y en a tant (les Flandres par exemple), qui, pendant le cours des siècles, a changé continuellement de maîtres?

Il m'a paru plus clair, plus commode pour les recherches, et par conséquent préférable, de me conformer, pour cette classification, aux divisions actuelles de l'Europe. Ne sera-t-il pas infiniment moins long, je le demande, de trouver sous la rubrique Belgique tout ce qui concerne les villes de Bruges ou de Gand, que d'aller chercher alternativement en Bourgogne, en Allemagne ou en Espagne, quelques indications sur les artistes résidant dans ces villes, sous prétexte que, selon l'époque, Bruges ou Gand relevaient de tel ou tel pays?

Quelque soin que j'aie pu prendre, d'ailleurs, de rendre cette longue nomenclature le moins aride possible, je ne saurais me dissimuler que, par sa nature même, un pareil répertoire n'est guère susceptible d'une lecture suivie. Qui dit répertoire, dit simplement document à consulter.

Je crois compléter l'utilité pratique de celui-ci en le faisant suivre d'un tableau général où j'ai réuni, dans l'ordre alphabétique pour chaque pays, tous les noms de peintres-verriers à moi connus, avec indication de l'époque et des lieux où ils ont vécu.

Maintenant procédons par ordre.

Allemagne.

L'Allemagne est certainement l'un des premiers pays de l'Europe qui ait possédé des vitraux peints, s'il est vrai, comme Gessert l'assure, d'après d'anciens auteurs [1], que, dès les dernières années du xe siècle, un certain comte Arnold fit vitrer le cloître de Tegernsee en Bavière, et que dans le courant du siècle suivant, d'autres vitres peintes furent placées dans l'église de la même abbaye par un moine du nom de Wernher [2]. Mais Gessert a commis du moins une grosse erreur en parlant de ces antiques verrières comme si elles existaient encore, tandis qu'il n'en reste pas la moindre trace.

L'auteur de la vie de saint Godehard, évêque d'Hildesheim, de 1029 à 1039, parle d'un jeune peintre nommé Buno, employé par lui à divers travaux de mosaïque et de vitrerie [3].

Ce qu'il y a de certain, c'est qu'au xiie siècle pour le moins, les églises d'Hildesheim, de Gosslarr et d'Augsbourg possédaient des vitres peintes dont quelques-unes existent même encore.

Le xiiie siècle pour sa part nous a légué les noms de trois peintres-verriers, Herwick (1273-1315), Walterius (1263) et Eberhard (1291) [4]. Ces

1. Gessert. *Geschichte der Glasmalerei*, p. 66.
2. *Geschichte der Glasmalerei*, p. 67.
3. *Vita Godehardi, ep. Hildesh.*, apud Leibnitz. T. 1, p. 500.
4. Otte, *Handbuch für Kunstarcheologie*, 2e éd., p. 703, 704.

deux derniers travaillèrent à l'église de Klosterneubourg en Autriche.

Au commencement du siècle suivant, vers 1348, nous trouvons un autre peintre, Jean de Kircheim, occupé à compléter la vitrerie déjà très remarquable de la cathédrale de Strasbourg [1].

Mais c'est surtout la Bavière qui, à partir de cette époque, devint le principal foyer, le principal centre de production de la peinture sur verre en Allemagne, et c'est aux villes d'Ulm, de Nüremberg et d'Augsbourg qu'appartient l'honneur d'avoir produit le plus grand nombre de peintres-verriers.

Parmi ceux qui naquirent ou travaillèrent à Ulm, nous trouvons successivement : de 1441 à 1460, les deux frères Jean et Klaus Glæser, — en 1473, Conrad Schorndorff, — vers la même date, Pierre Lindenfrost, — en 1480, Wild et Cræmer, — au commencement du siècle suivant, Jean Schoen, père du célèbre peintre Martin Schœn. — Celui-ci devait, à son tour, compter parmi ses élèves un verrier nommé Jean Lindenmeyer. — A Ulm, naquit enfin, en 1411, l'un des patrons de la peinture sur verre, le bienheureux Jacques l'Allemand, qui, s'étant fait moine, se fixa à Bologne en Italie où il pratiqua son art avec succès jusqu'à sa mort en 1491, et se fit une réputation

1. J'ai reproduit, à la planche XL de mon *Histoire de la peinture sur verre*, une des belles verrières encore aujourd'hui existantes dues à Jean de Kircheim.

de sainteté qui finit par lui valoir l'insigne honneur d'être béatifié.

Nous ne connaissons pas de peintre-verrier qui ait vécu à Nüremberg avant l'extrême fin du xve siècle. L'école de Nüremberg fut donc un peu moins précoce que celle d'Ulm, mais elle fut, par contre, encore plus nombreuse et plus illustre. A son sommet rayonne la grande figure d'Albert Dürer (1470-1528), dont l'influence devait réagir d'une manière si puissante sur toutes les branches de l'art allemand. Qu'Albert Dürer ait peint lui-même sur le verre, c'est là une question fort douteuse; mais, du moins, est-il certain que beaucoup de ses compositions ont servi de cartons aux peintres-verriers de son temps. On en pourrait citer des exemples même hors d'Allemagne [1]. Albert Dürer fut d'ailleurs le créateur de ce style d'ornementation rustique adapté aux formes allongées de l'art gothique, qui se généralisa si promptement en Allemagne, et semble y avoir retrouvé une nouvelle faveur de nos jours.

Vers le même temps qu'Albert Dürer, nous trouvons à Nüremberg toute une famille de peintres-verriers, dont le premier, Weit Hirsvogel, vécut de 1461 à 1525. Ses deux fils et son petit-fils continuèrent ses travaux. Son fils aîné, nommé comme lui Weit, mourut en 1553; le

1. Notamment le beau vitrail de l'église Saint-Vincent de Rouen, représentant la Vierge entourée des apôtres.

second, Auguste, en 1560, et son petit-fils, Josias, en 1589. Enfin, pendant le courant du XVIe siècle, travaillèrent également à Nüremberg les peintres-verriers : Jean Brechtel, mort en 1521, — Jean Daucher, qui vivait en 1561, — Georges Wiedmann en 1589, — Jean Ess en 1594, — Martin Kirnaberger et Gallus Wald à des époques indéterminées. — Le XVIIe siècle ne nous y a laissé que les noms d'Unverborden, qui vivait en 1650, de Georges Guttenberger, mort en 1670, de Jean-Louis Faber et d'Abraham Helmback.

Augsbourg, où nous avons vu la peinture sur verre cultivée de si bonne heure, eut au XVe siècle un peintre nommé Judmann ; puis ce n'est que trois cents ans plus tard que nous trouvons à citer les trois noms de Nicolas Besserer, de Daniel Volkert et de Jean-Wolfgang Baumgartner (1712-1761), de Joseph Hartmann en 1745 et de Mayer en 1770.

Toujours en Bavière, nous trouvons encore la peinture sur verre représentée — à Nordlingen en 1452, par Pierre Acker, — à Münich, au XVe siècle, par Egid Trautenwolf, et au XVIe par Jean Hebenstreit, — à Würtzbourg, vers 1593, par Laurent Kundemann, en 1597, par Rodolphe Henneberg, et, en 1606, par Jean Dittmann.

A côté de ce nombre si considérable d'artistes bavarois, nous ne connaissons qu'un nombre relativement bien restreint de peintres-verriers pour les autres parties de l'Allemagne, un ou deux tout au plus, par localité. Ce sont, en les rangeant dans l'ordre chronologique :

A Breslau, en 1394, un certain Konrad ;

A Reichenbach, dans le Palatinat, dès les premières années du XVe siècle, le moine Engelhart ;

A Cologne, en 1509, un nommé Merlo ;

A Francfort, en 1516, les nommés Schwed et Georges ;

A Mülebrack, en 1550, Jean Goltzius, père du célèbre peintre de ce nom ;

Puis, également dans le courant du XVIe siècle, — Abel Stimmer à Isenheim — et Thomas Neidhart (de Feldkirch) à Insbrück, où travaillait en même temps le verrier Paul Dax ;

Au XVIIe siècle : Reiners à Sueck ; — Spielberg, en 1619 à Düsseldorf ; — A. Fæber, en 1620, à Halberstadt ; — les frères Wolfgang et Sébastien Sprengler, en 1663, à Constance ; — vers le même temps Jean Beneken ; — cent ans plus tard les frères Lederer, qui ne peignaient plus, quant à eux, que des vitraux d'appartement, — et enfin, en 1770, une femme nommée Weydenmüllerin, qui résidait à Dresde.

Quelques peintres-verriers allemands sont aussi connus pour avoir travaillé à l'étranger. J'ai mentionné Jacques l'Allemand et Eckhard Margraff. Je ne saurais non plus passer sous silence les noms de Micier et d'Estaenheyl, qui travaillèrent en Espagne au XVIe siècle, — de Georges Rieder, qui fut employé, dans le siècle suivant, à la vitrerie de l'église de Wettingen en Suisse, — de Conrad et de Jean de Cologne à la cathédrale de Milan et à Saint-Lambert de Liège.

Suisse.

La Suisse peut également revendiquer l'honneur d'être un des premiers pays qui ait possédé des vitres peintes, s'il faut voir autre chose qu'un simple assemblage de verres de couleur dans les verrières dont, suivant la *Chronique de S. Gall*, un verrier nommé Stracholfus orna le cloître de cette abbaye dès la fin du IXe siècle, par ordre du roi Louis le Germanique[1]. Une autre chronique, celle des *Miracles de Sainte-Vérène*, nous apprend que l'église de Zurzach fut également garnie de vitraux de couleur entre les années 917 et 926 [2]. Lausanne en eut au XIIIe siècle[3]. Mais il n'est parvenu jusqu'à nous aucun nom de peintres-verriers antérieurs au XIVe siècle.

Les plus anciens que l'on connaisse sont ceux de Boppe, de Menlin et Jean de Winterthur [4], qui vivaient à Bâle au XIVe siècle.

1. Monach. Sangallensis II, 21.

2. *Mirac. S. Verenæ*, apud Pertz, *Monum. german.*, t. IV, p. 457.

3. M. Rahn cite un certain nombre d'autres vitraux de date ancienne, par exemple ceux de Münchenbuchsee, de Blumenstein dans le canton de Berne, de Cappel dans le canton de Zürich.

4. Sans doute ainsi nommé du lieu de sa naissance.

A partir de cette date et toujours depuis, la peinture sur verre paraît avoir été très activement cultivée dans cette même ville de Bâle. Nous l'y trouvons successivement représentée : en 1420 par Hermann, qui travailla aussi, dit-on, à Strasbourg ; — en 1423, par Ludmann ; — un peu plus tard, par Nicolas Harer ; — puis par Anthoni, — par Balthazar Han, qui mourut en 1598, — et enfin, au XVIIIe siècle, par un nommé Manewetsch ou Wannenwetsch.

Genève eut aussi des vitraux d'assez bonne heure : un peintre nommé Loisel y travaillait dès l'an 1429. Dès la fin du même siècle, Frédéric Walter peignait pour la cathédrale de Berne les grandes et belles verrières qu'on y voit encore.

Mais de toutes les villes de Suisse, celles qui produisirent le plus grand nombre de peintres-verriers sont incontestablement Zürich et Lucerne.

Parmi ceux de Zürich, le plus ancien est Lucas Zerner, qui vivait à la fin du XVe siècle. Après lui, nous trouvons, au XVIe siècle : Hans Asper, — Théodore Meyer, — Gottfried Stadler, — Josias Maurer et ses fils Christophe et Josias Maurer dit junior, — Christophe Nüscheler, — enfin Jobst Amman et Jacques Sprüngli, artistes d'une si grande réputation qu'ils furent appelés, l'un et l'autre, à Nüremberg pour concourir à la décoration de la fameuse église de Saint-Sébald.

Grâce au soin avec lequel ont été conservés et

l'ordre admirable dans lequel sont tenus les archives municipales et particulièrement les registres de la bourgeoisie de Lucerne, on possède une liste encore bien plus considérable des peintres-verriers qui ont habité cette ville [1]. Ici même, l'abondance des documents devient embarrassante. C'est la liste complète de tout un corps de métier, où la plupart des noms ne sont accompagnés d'aucune indication sur la nature et le lieu des travaux exécutés par les membres de la corporation. Je ne crois donc devoir citer que ceux (déjà fort nombreux) qui me paraissent avoir été de vrais peintres et se rattacher plus particulièrement par leurs travaux à la ville de Lucerne.

Ce sont, par ordre de date : Hans Fuchs, qui vivait entre 1404 et 1445, — Hans Werner, de 1473 à 1486, — Wolfgang Intaler, de 1484 à 1508, — Rudolf Dettikofer, de 1520 à 1556, — Jacob Pfyfer, en 1525, — Peter von Grissach, en 1551 [2], — Jost Moser, de 1535 à 1577, — Martin Moser, de 1538 à 1570, — l'Allemand Eckart Margraff, de Minden (Poméranie), qui se fit naturaliser en 1577, — Ludwig Meyer, en 1619, — et deux artistes portant l'un et l'autre le nom de

1. Je dois à l'obligeance de notre confrère M. Pol Nicard la communication de nombreux renseignements sur les verriers suisses.

2. Les deux noms de Pfyfer et de Grissach appartiennent à des familles dont plusieurs membres ont servi en France avec une grande distinction.

Charles Thuot, dont le premier vivait en 1673, et le dernier en 1687.

Un certain nombre d'autres peintres-verriers ayant eu également un domicile à Lucerne ne nous sont connus que par des travaux exécutés ailleurs. Il me paraît plus naturel de rattacher le nom de ceux-ci aux différentes localités qu'ils enrichirent de leurs œuvres. Parmi eux sont à citer :

Hans Guldiner, qui travaillait à Isenheim en 1487 ;

Oswald Gœschel, à Maschwanden en 1513[1] ;

Vit Hinderegger, à Meersburg en 1574 ;

François Fallenter et son fils Jost, né en 1586, qui contribuèrent, ainsi que Martin Moser, à l'exécution des vitraux encore existants du cloître de Rathhausen[2] ;

Hans Jakob, David Bucher, Heinrich Tschapp et son fils, Hans Jost, à Sürsee, au XVIIe siècle ;

Hans Werner, à Münster, en l'an 1600 ;

Jacob Wægmann, au couvent de Bruch, de 1605 à 1656 ;

Heinrich Trommeter, à Ruswyl, de 1619 à 1627 ;

1. M. R. Rahn a publié, en 1878, une description des vitraux de Maschwanden.

2. Voir la description détaillée de ces vitraux dans les *Mémoires de la Société des Antiquaires*, t. XXIII. Ils appartiennent aujourd'hui à M. Meyer, négociant à Saint-Gall ; ils ont été habilement photographiés par M. Bischof.

Et Jost Margraff (sans doute le fils de l'Allemand naturalisé dont j'ai parlé plus haut), qui peignit à Appenzel, en 1606, des vitres que l'on conserve aujourd'hui à l'arsenal de Lucerne.

Il est, on le voit, peu de pays où la pratique de la peinture sur verre se soit aussi généralement répandue à partir du XVIe siècle. Nous trouvons ses adeptes à l'œuvre un peu partout :

A Schaffhouse, les frères Tobie, Abel et Christophe Stimmer en 1570 ;

A Coire, sous la même date, Hagerich ;

A Fribourg, Hans Gaspard Lang également en 1570, et Hans Ulrich Heinrich en 1589 ;

A l'abbaye de Müri[1], Antoine Abesch et sa fille Barbe ;

Puis à Zug, Paul et Michel Müller ;

Caïn et Abel Opfer,

Et à Ensisheim, Paul Dax, habile artiste originaire d'Innsbruck, en Tyrol.

Au XVIIe siècle enfin, nous trouvons :

A Wettingen, en 1623, Jean Henry d'Aegeri[2] ;

A Untersee, en 1627, Joseph Stœr,

Et à Hoffzungerau, un nommé Hegli.

On le voit, si plusieurs peintres-verriers suisses ont été appelés à travailler hors de leur pays, deux étrangers seulement, Paul Dax d'Innsbruck et

1. On observe sur quelques-uns des vitraux de cette abbaye les monogrammes suivants : Œ, Æ, ŒB, ŒBd II.

2. Il existe une intéressante notice de M. Lübke sur les vitraux encore existants de Wettingen.

Margraff (de Minden), nous sont connus comme ayant travaillé en Suisse. C'est qu'en effet la peinture sur verre, dans ce pays, n'a pas conservé longtemps le même caractère que dans le reste de l'Europe. Passé le XVe siècle, elle n'y a plus guère été appliquée à la décoration monumentale. La grande peinture fut désormais complètement abandonnée par les verriers suisses, qui produisirent presque uniquement des panneaux de dimensions restreintes, destinés à orner bien moins les larges fenêtres des églises que les nombreuses ouvertures des cloîtres, des salles de conseil, les lieux de réunion des sociétés de tir et enfin les habitations particulières.

En même temps qu'on la réduisait aux proportions de la peinture de chevalet, la peinture sur verre se trouvait peu à peu sécularisée. Bien qu'elle reproduise encore parfois des sujets tirés de l'ancien et du nouveau Testament, ce ne sont le plus souvent que de simples panneaux décoratifs, les blasons ou emblèmes héraldiques des abbayes, des villes, des cantons, des particuliers même qui les ont fait exécuter. Mais ces blasons d'une tournure très pittoresque ont presque toujours pour supports quelques figures, telles que les saints patrons du donateur, ou bien sont encadrés de colonnes, de frontons, de torsades de fruits et de cartouches surchargées d'inscriptions. Ces petits tableaux, qui se distinguent en général par beaucoup de finesse, une grande fermeté de touche et la solidité de leur couleur, sont ce qu'on appelle par excellence les *vitraux suisses*.

La plus admirable collection de vitraux de ce genre que j'aie jamais vue était celle de l'ancienne abbaye de Molsheim recueillie en majeure partie dans le bâtiment du Temple neuf à Strasbourg. Elle a disparu intégralement dans les flammes en même temps que la bibliothèque de la ville, lors du bombardement de Strasbourg par les vandales de 1870. Il y avait là soixante-quinze panneaux exécutés, de 1622 à 1631, par Bernard et Laurent Lingk, d'après des compositions de Martin de Voss déjà reproduites en grande partie par les frères Sadler[1]. C'était une incomparable collection[2]. Il ne reste plus aujourd'hui que quelques panneaux de même provenance dans le pittoresque château du duc de Baden à Eberstein (vallée de la Murg).

Bernard et Laurent Lingk étaient-ils Suisses ou Allemands? Voilà ce que je n'ai pu découvrir. Leurs noms ne figurent sur aucun catalogue. Les noms de donateurs inscrits sur les vitraux de Molsheim et qui tous appartenaient à des prélats

1. Toutes ces compositions étaient tirées des quatre collections dont les noms suivent :
Solitudo sive vitæ patrum eremicolarum ;
Sylvæ sacræ ;
Tropheum vitæ solitariæ ;
Oraculum anachoreticum.

2. J'ai moi-même reproduit deux de ces panneaux dans mon *Histoire de la peinture sur verre*, pl. XCVIII et XCIX.

ou à des comtes relevant de l'empire, attestent, il est vrai, que cette fondation était d'origine allemande. Mais nous avons déjà vu à diverses reprises des verriers suisses appelés à travailler en Alsace, et les anciens vitraux de Molsheim portent au suprême degré les caractères de l'art suisse, tandis que je n'en connais aucuns de provenance allemande qui présentent les mêmes caractères. J'inclinerais donc à penser pour ma part que les frères Lingk appartenaient à la nationalité suisse. Toutefois, je le répète, la chose est loin d'être certaine.

Pour être aussi complet que possible, j'ajouterai que l'ancienne collection Sauvageot, actuellement au Louvre, renferme un petit panneau de grisaille d'une grande finesse signé Barthlime Lingk, 1580. Ce Barthélemy était peut-être le père de Bernard et de Laurent.

Belgique.

Bien que la tradition de la peinture sur verre ne remonte pas aussi haut en Belgique qu'en France, en Allemagne ou en Suisse, cet art y fut pratiqué de fort bonne heure, comme on en a encore la preuve dans les vitraux de la cathédrale de Tournai. Plusieurs d'entre eux remontent incontestablement au XIIIe siècle; mais quelques recherches qu'ait pu faire le savant historien de cet édifice, M. Lemaistre d'Anstaing, il n'a pas réussi à découvrir le nom d'aucun peintre-verrier de cette époque. Le plus ancien qu'il cite, parmi ceux qui ont travaillé par la suite à la cathédrale de Tournai, est un certain Lucas Adriaens, Anversois, qui vivait au XVe siècle [1].

Mais, grâce aux investigations ultérieures de M. de Laborde, un nom plus ancien est parvenu jusqu'à nous. C'est celui d'un peintre-verrier de Malines, maître Henry, qui travaillait de 1383 à 1394 à la Chartreuse de Dijon. Il est désigné, dans les comptes des ducs de Bourgogne sous le nom de Henry Glacemaker ou Glaecemuch, du mot *Glaesmaker* qui signifie en flamand *verrier* [2]. Au XVe siècle, la même ville de Malines eut deux autres peintres-verriers, Van den Hont et Wouteren Van Battele, puis au XVIe, Pierre et Hermann Du Bois et Marc Willems.

Du reste, à partir du XVe siècle, les noms de verriers ne sont pas rares, et l'on trouve la peinture sur verre en honneur dans presque toutes les villes de quelque importance. Quoique moins nombreux en proportion, ses monuments encore aujourd'hui existants offrent beaucoup d'intérêt au point de vue de l'art. Parmi les plus beaux, il faut citer d'abord l'admirable vitrerie de l'église Sainte-Gudule de Bruxelles [3].

1. Lemaistre d'Anstaing, *Vitraux de la cathédrale de Tournai*. Gr. in-f°, fig. col., 1847.

2. *Les ducs de Bourgogne*, par L. de Laborde.

3. Voir l'*Histoire de la ville de Bruxelles*, par MM. Al.

Comme date, ces vitraux sont loin de remonter à l'époque de la fondation de l'édifice, si tant est qu'on puisse préciser exactement celle-ci. Commencée à la fin du XIIe siècle, mais achevée seulement trois siècles plus tard, l'église Sainte-Gudule ne paraît avoir reçu ses premières vitres peintes qu'au XVe siècle. Les peintres qui y travaillèrent à cette époque se nommaient Walter Van Pede, Jean Cloet et Joris Van Purse[1]; mais je ne crois pas qu'il reste rien de leurs œuvres. Les magnifiques verrières qu'on admire aujourd'hui ne datent que des XVIe et XVIIe siècles. Entre les plus belles, il faut compter celles qui furent offertes de 1540 à 1547 par les rois de France, de Portugal et de Hongrie, véritables apothéoses en leur propre honneur, où ces souverains se sont fait représenter avec leurs femmes et accompagnés de leurs saints patrons, sous de magnifiques arcades richement décorées. Le grand vitrail donné par François Ier peut compter parmi les chefs-d'œuvre de la peinture sur verre. Il est l'œuvre du célèbre peintre Bernard Van Orley. Les trois autres ont été peintes par Jean Haecht, d'Anvers, d'après Michel de Coxie. C'est également d'après Coxie que fut peinte par Pelgrim Roesen (de Gand) la verrière où se fit représenter Charles-Quint.

Henne et Alph. Wauters, 3 vol. gr. in-8°, fig., 1845. T. III, p. 246 et suiv.

1. Van Purse travailla aussi à l'église de Notre-Dame de Grâce près Bruxelles.

Mais la description détaillée de la vitrerie de Sainte-Gudule m'entraînerait ici beaucoup trop loin. Qu'il me suffise de dire que jusqu'à la fin du XVIe siècle on n'a cessé d'y travailler, et qu'on a conservé le nom de presque tous les artistes qui y ont contribué. Plusieurs d'entre eux étaient des hommes d'un grand talent. Parmi eux on a cité quelquefois Roger Van der Weyden ; mais sa collaboration n'est rien moins que prouvée. Les noms incontestés sont ceux de Rogiers, de Gilles de Brules, de Jacques Floris, frère du célèbre peintre de ce nom, de Jean Oshuys, et de Cornélis Rambuicht.

Les vitraux de Sainte-Gudule ont été souvent remaniés aux XVIIe et XVIIIe siècles, quelques-uns refaits à neuf, et beaucoup d'autres restaurés. Une grande partie de ces travaux de restauration furent exécutés par un peintre nommé Van Bronckhorst qui y travaillait en 1646. Mais, vers le même temps, de magnifiques vitraux neufs étaient ajoutés à ceux du XVIe siècle par des artistes d'une grande valeur, en tête desquels je citerai Van Thulden, l'un des meilleurs élèves de Rubens. Bien que natif de Bois-le-Duc, c'est en effet à l'école flamande que Van Thulden appartient par ses travaux. Il se bornait en général à composer ses cartons, qui étaient ensuite exécutés sur le verre par un habile peintre anversois nommé Jean de la Barre ou de la Baer.

Mais, encore une fois, quelque intéressante que

soit la vitrerie de Sainte-Gudule, c'est trop longtemps nous y arrêter. Presque toutes les parties de la Belgique ont été également riches en peintres sur verre dont les noms, pour la plupart, sont parvenus jusqu'à nous.

Ainsi, dans la seule petite ville de Louvain, nous en trouvons six, dont deux, Van Schoonbergen et Henry Van Diependale, au XVe siècle, — trois au XVIe, qui sont Nicolas Rombouts, Pierre et Simon Boels, — et enfin Jean de Caumont au XVIIe.

Gand en possède plusieurs dès le XVe siècle, à savoir, Jacques, — Laurent, — Jean de Caloo, — Van der Goes, — Jean Stoop, — Liéven de Witte, — et Barthélemy Van der Lynde; — puis au XVIe siècle : Louis Daniel, — David Joris[1], — Jean Doop, — Jean Dox, — Cornelis Tamburch, — Jean Assays qui travaillait en 1557, — et Lucas de Heere, en 1584.

La famille du célèbre Van Eyck, l'une des plus grandes illustrations de la ville de Bruges, comptait, dès le XVe siècle, trois peintres sur verre : Hubert, Jean et Marguerite, qui travaillaient concurremment avec Antoine de Ringle et Jean Lombart. Au siècle suivant, nous trouvons dans la même ville Jean et Marc Gheeraerts, — Paul Tubach, — Christian Gheerolf, — et Cornélis Coedyck, qui vivait en 1552.

1. David Joris, plus connu comme hérésiarque que comme artiste, finit par être brûlé à Bâle en 1552.

A Anvers, la peinture sur verre est représentée au XVe siècle par Lucas Adriaens et par Digmann, — au XVIe par Nicolas Bloemsten, — Dierick, — Jacob Felaert, — Josse Vereghen, — Jacques de Vriendt, — Jean Haecht, — Cornélis Van Daele, — Jean Van Gheyn, de 1532 à 1582, et Jacques, son fils, qui vécut jusqu'en 1615. — Il semble qu'à Anvers l'ère de prospérité de la peinture sur verre se soit prolongée plus tard que dans la plupart des autres villes. Nous l'y trouvons encore représentée au XVIIe siècle par Henry Van Balen, — Abraham Van Diepenbeeck, — Pierre et Jean-Baptiste Van der Veken, — et Jean de Loose.

La ville de Mons, de son côté, avait au XVe s. un peintre nommé Henry (ne pas confondre avec celui qui travailla à la Chartreuse de Dijon), — et, au XVIe, toute une famille de verriers nommés Adam, Antoine, Claes et Jean Eve.

Ypres, pour en finir avec la Belgique occidentale, nous fournit trois noms, celui de Mathieu Platevoet, qui vécut au XVe siècle, — d'un nommé Charles, qui mourut en 1564, — et de Mathieu de Waele de 1556 à 1572.

A l'autre bout de la Belgique, à Liège, nous trouvons la peinture sur verre également florissante, et représentée par un nombre d'artistes proportionnellement aussi considérable. Deux d'entre eux appartiennent au XVe siècle : ce sont Jean de Wert et Laurent, qui travaillaient en

1486 et 1480. — Puis, au XVIᵉ siècle, — Jean Hardy, — Thierry et Dirck de Leumont, — Jean Nivar, — Jean de Bastoingne, — François Lowichs, — Nicolas Pironnet, — Guillaume Smelz, — Tilman Pisset, — Antoine Wypart et Hubert Wypart, — Guillaume Flemael, — Godefroy de la Motte, — et un nommé Jean, originaire de Cologne.

A la petite localité d'Alckmaer se rattache le nom du verrier Nicolas Van der Meulen, qui y mourut en 1694.

Un assez bon nombre d'autres peintres-verriers flamands nous sont connus seulement par les travaux qu'ils exécutèrent hors de leur pays. Ce sont : d'abord Henry, de Malines, que j'ai déjà cité comme ayant travaillé, dès 1383, à la Chartreuse de Dijon, — puis, pour l'Italie, les nommés Georges et Gaultier, qui travaillaient à Florence en 1560, — Nicolas Arrigo, Jacob Felaert et Borghese d'Anvers, que cite également Vasari[1] ; — pour l'Espagne, Arnaud, et Charles Bruxes, qui peignaient à Séville, le premier en 1557, l'autre en 1562 ; — pour le Portugal, maître Jean, et Guillaume Belles, qui travaillèrent en 1459 et 1473 au couvent de Batalha ; — enfin pour l'Angleterre Martin Gheeraerts en 1590 ; — puis Bernard Van Linge et Abraham son fils, dont on

1. *Vite dei pittori più maestri.*

admire encore les peintures à Oxford, où ils travaillèrent de 1622 à 1641.

Par contre, je ne trouve qu'un seul verrier étranger ayant travaillé en Belgique. C'est le Français Sempy, qui restaura, vers 1718, la rose du portail de la cathédrale de Malines.

Hollande.

Si la Hollande est le pays de l'Europe où la peinture sur verre paraît avoir été mise le plus tardivement en pratique,—j'en trouve bien peu de traces avant le milieu du XVIe siècle, — par contre, à partir de cette époque et durant tout le siècle suivant, elle y fut cultivée de toutes parts avec passion, et il n'y a guère de pays qui ait conservé le nom de plus de peintres-verriers ayant vécu pendant ce court laps de temps. Je dis le nom ; car leurs œuvres, à quelques exceptions près, ne leur ont pas également survécu. La Hollande ne possède actuellement que fort peu de vitraux. En revanche, elle possède une église, celle de la petite ville de Gouda, qui constitue à elle seule le musée de peinture sur verre le plus complet peut-être qui soit au monde.

La grande église Saint-Jean de Gouda, dont le chœur fut achevé en 1485, ne comptait pas moins de soixante-douze autels. Un incendie allumé par le feu du ciel la réduisit en cendres en 1552. Mais la générosité des fidèles mit tant d'empressement à réparer ce désastre que, dès l'an 1555, on travaillait déjà à la vitrerie de l'édifice restauré. Peu à peu, toutes ses fenêtres sans exception furent garnies de verrières peintes par les plus habiles artistes du temps, et qui, presque toutes, existent encore aujourd'hui. Mais ce qui donne un prix tout à fait exceptionnel à cette superbe collection, c'est que chacune des vitres dont elle se compose porte une inscription indiquant sa date, le nom de l'artiste qui l'a peinte et celui du fondateur [1]. Parmi ces derniers figurent Philippe et Marguerite, fils et fille de Charles-Quint, le prince d'Orange, le duc de Brunswick, les états de Nord et Sud-Hollande, des villes, des évêques, des seigneurs, etc.

Mais ce qui nous intéresse plus encore, ce sont les noms des artistes eux-mêmes à qui sont dues ces importantes peintures.

Les deux plus habiles et les plus justement renommés sont Dirck et Wouter Crabeth. Il ne reste pas moins de neuf grandes verrières de Dirck, qui se mit à l'œuvre pour le compte de l'évêque

1. Il existe deux bonnes descriptions des vitraux de Gouda : la première en hollandais sous ce titre : *Beschryving en uytlegging der Konscrycke glasen binnen de groote en heerlycke S. Janskerk tot Gouda*, par T. G. Hopkoper, in-4°, Gouda, 1681, — l'autre beaucoup plus courte, mais infiniment plus commode aux étrangers, vu qu'elle est en français, a été publiée à Gouda, en 1840, sous le titre d'*Explication de ce qui est représenté dans le magnifique vitrage de la grande église de Saint-Jean à Gouda*.

d'Utrecht dès l'année qui suivit l'incendie (c'est-à-dire avant même que la partie supérieure de l'église n'eût pu être restaurée), et ne cessa de travailler à sa vitrerie jusqu'en 1576. La première vitre de Wouter n'est datée que de 1561, la dernière de 1601. Il était le plus jeune des deux frères.

Concurremment avec les Crabeth, un autre peintre-verrier de Gouda, Adrien de Vrije, exécutait d'après Uytenwael d'Utrecht plusieurs verrières dont la date varie entre 1594 et 1597[1], et la même église s'enrichissait également de nombreuses vitres peintes par des artistes appartenant à d'autres localités, tels que Dirck Van Zyl d'Utrecht, qui, de 1556 à 1596, en peignit quatre d'après Lambert Van Noord d'Amsterdam, — Guillaume Thibout de Harlem, en 1596, — Cornélis Kuffens d'Amsterdam, en 1597, — Claes Jansze de Rotterdam, en 1601, — et Cornélis Clock de Leyde, de 1601 à 1603.

Les frères Crabeth avaient formé de nombreux élèves parmi lesquels on cite : Jacob Caan, — Jean Damesz, — Théodore Lonk — qui passent pour avoir travaillé également à l'église de Gouda, ainsi que les peintres Govert Hendriksz, — Jean Duiven, — Adrien Van der Spelt, — Jean Ver-

1. Une de ces verrières est certainement sans analogue, quant au sujet, dans aucune église de l'Europe. Elle représente *la liberté de conscience*. Ses fondateurs furent les États de Sud-Hollande.

curg, — Arthus Verhaast, — et Guillaume Tomberge. Ce dernier, mort en 1678, avait été spécialement chargé de restaurer quelques verrières des frères Crabeth déjà en mauvais état. Quant aux autres, nous ignorons absolument quelle fut la nature de leurs travaux.

Parmi les auteurs des vitres de Gouda, nous avons déjà vu plusieurs peintres appartenant à diverses autres provinces. En effet, à partir du XVIe siècle, on trouve la peinture sur verre pratiquée dans toutes les parties et presque dans toutes les villes des Pays-Bas.

A Leyde elle est exercée au XVIe siècle par Aert ou Arnaut Claessoon, par Lucas de Leyde, et par le père du célèbre Gérard Dow; — au XVIIe siècle, par Cornélis Clock ou Klock, déjà cité, et par Pierre Kouwhoorn en 1626.

Nimègue et Utrecht se vantent d'avoir eu des peintres-verriers dès le XVe siècle.

A Nimègue, c'est un nommé Arnold Hort.

A Utrecht, un nommé Zell; — puis, plus tard, mais à des époques mal déterminées, Utrecht eut Bylert, — Both et ses deux fils, — Westerhout, — Jean Vercurg, — et Van Bronckhorst, sans parler de ceux que nous avons déjà cités comme ayant concouru à la vitrerie de Gouda.

Bois-le-Duc eut, dans le courant du XVIe siècle, Jorissone, — Jean Van Deventer, — Van Thulden, — et, dit-on, le père du célèbre Van Dyck; au XVIIe siècle, Joachim.

Nous trouvons encore :

A Delft, Laurent Van Cool, qui vivait au XVIe siècle, — et, au siècle suivant, Abraham Toornevliet, qui fut le maître de Mieris ;

A Dordrecht, Jean Van Kuyck, qui mourut en 1572.

Gorcum, qui avait eu, dès la fin du XVe siècle, un peintre-verrier nommé Josse Veregius, qui paraît être le même que Vereghen d'Anvers, possédait Jacob Van der Ulft en 1627, et, après lui, Pierre Verhoek, son élève.

Il existe encore, dans la vieille église d'Amsterdam, de beaux vitraux fondés en 1655 par Peter Mies. Un autre, daté de 1648, porte la signature de A. Angelecht. — Au XVIe siècle, Amsterdam avait eu Jacques Lenards — et ce même Kuffens que j'ai déjà cité comme ayant travaillé à Gouda.

Vers le même temps, nous rencontrons encore :

A Edam, Jean Slob, qui travaillait en 1643 ;

A Berg-op-Zoom, Bertrand Fouchier, qui vécut de 1609 à 1674 ;

A Harlem, Claes Volkert, — Jean Boekhorst, — Pierre Holsteyn et son fils ;

A La Haye, Everard Van der Masen, — et Gérard Hoet, ainsi que son père et son frère, qui travaillèrent de 1648 à 1733 ;

Et à Horn, Jean Maarz, — Jean Ostofries et sa femme Catherine. Le nom sous lequel sont désignés ces deux derniers me paraît être beaucoup moins un nom patronymique que l'indication du pays dont Pierre et sa femme étaient originaires. « Ostofries », dans le dialecte local, signifie littéralement « Frise orientale ». Ce nom était donné à un petit pays étroitement resserré entre le duché de Brunswick et l'extrême frontière des Pays-Bas. Bien qu'il formât jadis un comté relevant de l'empire, il m'a semblé plus naturel de classer dans l'école hollandaise nos deux artistes, dont les seuls travaux connus furent exécutés à Horn.

Pour le XVIIIe siècle, je n'ai pu recueillir que les noms de Gérard Hoët, de La Haye; de Johann Antiquus, de Gérard et Pierre Van Veen, qui travaillaient à Groningue, et de Pierre Verhoek, à Gorcum.

J'ai omis, faute de pouvoir le rattacher à aucune localité, un artiste, Jean Beneken, qui passe pour n'avoir peint que des vitraux d'appartement. Il vivait en 1640.

Enfin, il me reste à mentionner un certain nombre de peintres sur verre hollandais qui ne nous sont connus que par des travaux exécutés hors de leur pays. J'ai seulement le regret de ne pouvoir donner leurs noms que tels que je les trouve dans les livres de toutes langues où ils sont cités souvent avec de profondes et évidentes altérations. Ce sont :

Pour l'Espagne : Albert et Géraud de Hollande, qui travaillaient, le premier à Burgos et à Avila en 1520, le second à Cuença vers 1548, — Nicolas, — et Bernaldino de Gelandia (lisez Bernardin de Zélande).

Pour l'Italie : Dirck Stass, natif de Campen, — Gérard Ornerio, un Frison qui travaillait à Bologne en 1575, — et, dans le même siècle, Aert Van Oort, originaire de Nimègue et qui habita Anvers.

Enfin, pour l'Allemagne, Unverdorben, qui fut employé à Nüremberg en 1650.

Si l'on en excepte l'intéressant sanctuaire de Gouda, la Hollande possède aujourd'hui peu de grandes verrières d'après lesquelles on puisse se faire une idée exacte des caractères spéciaux de la peinture sur verre dans ce pays. Il est cependant évident qu'elle diffère, au moins sur deux points, de ce que nous voyons communément en France et en Allemagne. D'une part, les peintres hollandais, dans l'exécution de leurs verrières, faisaient beaucoup moins d'usage des verres colorés dans la masse, et, par conséquent, faisaient une beaucoup plus grande part à la peinture en émail. D'autre part, ils employaient volontiers pour leurs grandes verrières un système d'armature différent de celui qui semble avoir été chez nous d'un usage à peu près universel. Au lieu du système de tringlettes horizontales en fer, distantes les unes des autres de 75 à 100 centimètres et auxquelles se rattache une monture en plomb perdue autant que possible dans les traits principaux du dessin, les Hollandais appliquaient souvent à leurs verrières une monture formée d'une double série de tringlettes horizontales et verticales beaucoup plus rapprochées les unes des autres et se croisant à angle droit. Comme effet général, les peintures ainsi exécutées ont moins de fermeté que les nôtres, et leur monture ressemble un peu trop à une grille à larges mailles devant le tableau. Je ne crois pas que ce soit un exemple bon à suivre.

Angleterre.

Il n'est pas douteux que la peinture sur verre fût cultivée très anciennement en Angleterre. Le *Livre de l'administration* de Suger nous apprend que le célèbre abbé fit venir des verriers anglais pour concourir à la décoration de son église ; à la même époque d'autres verriers du même pays travaillaient à la vitrerie de Braines-le-Comte, ce qui suppose évidemment que les artistes anglais jouissaient alors d'une grande réputation d'habileté.

Certainement l'Angleterre ne possède plus aujourd'hui de vitraux de cette époque, et ceux même du XIIIe siècle y sont fort rares. Cependant il s'en trouve de beaux restes à Cantorbéry, et quelques-uns, je crois, dans la cathédrale d'Ely ; mais aucun nom des peintres-verriers des XIIe et XIIIe siècles n'est parvenu jusqu'à nous.

Les plus anciens dont il soit fait mention sont

ceux de cinq maîtres-verriers (*masters glaziers*), John Athelard, John Lincoln, Simon Lenne, John Lenton et Hugh de Lichesfield, qui travaillaient en 1351 à l'abbaye de Westminster, dans la partie qui devint plus tard l'ancienne Chambre des Communes, aujourd'hui détruite.

On cite également un autre peintre sur verre, John Thornton, qui travaillait à la cathédrale d'York à la fin du XIVe siècle. Mais, à l'exception de ce nom et d'un ou deux autres, on ignore celui des artistes à qui sont dues les admirables verrières de cette église.

Du XVe siècle, où pourtant l'architecture anglaise fut particulièrement florissante, nous ne connaissons encore par son nom qu'un seul peintre-verrier, John Pruddle, de Westminster, lequel travaillait à Warwick.

Ceux du siècle suivant commencent à nous être mieux connus. C'est d'abord, tout au commencement du siècle, Bernard Flower, puis, un peu plus tard, Thomas Reve, qui contribuèrent tous deux à la décoration de l'abbaye de Westminster, Richard Hoone, Richard Bownde, Thomas Reve, James Nicholson, Simon Symons et Francis Williamson, qui, tous six, furent employés à la vitrerie du King's College, à Cambridge, sous le règne d'Henri VIII, c'est-à-dire pendant la première moitié du XVIe siècle.

Les grandes et puissantes universités anglaises de Cambridge et d'Oxford se composent d'une nombreuse agglomération de collèges, la plupart richement dotés, qui, de tout temps, ont fait entre eux assaut de luxe dans leur aménagement intérieur. Ces établissements, généralement construits et décorés dans le style gothique, possèdent tous une chapelle et une vaste salle de réunion, le *hall*, dont les hautes et grandes fenêtres offrent un champ largement ouvert à la peinture sur verre. La plupart de ces fenêtres sont ornées de vitraux peints des deux derniers siècles.

Oxford surtout en présente de nombreux et remarquables spécimens dus à des artistes dont les noms sont, en grande partie, parvenus jusqu'à nous.

Au XVIIe siècle, nous y voyons d'abord deux peintres sur verre très habiles originaires des Pays-Bas, Bernard Van Linge et son fils Abraham, occupés des travaux de leur état, le premier de 1622 à 1629, le second de 1635 à 1641. Puis viennent Henry Giles, qui peignit en 1687 les vitres du University College, — Isaac Oliver, qui peignit en 1700 les verrières du Christ College, et William Price, qui, dans le cours de la même année, travaillait simultanément à Oxford et à Gloucester. — Le frère cadet de ce dernier, Joshua Price, également peintre sur verre, mourait à Oxford en 1763, — et l'un de ses élèves, William Peckit, exécutait bientôt après, pour le New College, une importante verrière d'après les cartons de Reynolds, tandis qu'un autre peintre sur verre très habile, Jarvis, peignait d'après le même maître une autre verrière pour le même collège. A cette époque vivaient encore à Oxford Searson, — Lovegrove Marlow qui travaillait pour le All-souls College, — et Francis Eginton, qui exécutait un vitrail d'après Schwartz pour le Magdeleine College. Eginton travailla aussi à Windsor.

Si Oxford fut peut-être le foyer de production le plus actif de la peinture sur verre pendant les deux derniers siècles, le reste de l'Angleterre n'en compte pas moins un assez grand nombre d'autres peintres-verriers dont les noms sont également parvenus jusqu'à nous.

C'est d'abord, au commencement du XVIe siècle, Thomas Reve et Bernard Flower, puis, au XVIIe siècle, Bachler, qui tous trois furent employés à l'abbaye de Westminster, — Baptiste Sutton qui travaillait en 1635 à Shoderich, — John Langton qui vivait à Londres de 1702 à 1714, et Edward Rowe, qui y mourut en 1763 ; — Picket, qui se trouvait à Lincoln en 1762 ; — Rowell, à Reading ; — Pearson et sa femme, originaires de Londres, qui travaillaient à Salisbury en 1782 ; — et enfin l'un des plus habiles, Forrest, qui, en 1791, exécutait à Windsor un très important vitrail d'après les cartons de West, le plus célèbre peintre d'histoire que l'Angleterre possédât à cette époque.

Pour en finir avec les peintres sur verre anglais, il ne me reste plus qu'à citer pour mémoire un certain Robert Scot Godfrey, qui résidait à Paris en 1769, et un nommé Henry Key, établi à Wakefield en 1799, qui ne peignait que des fleurs. Cette dernière date nous conduit jusqu'à la limite extrême assignée à ce travail.

Ce qui résulte le plus clairement de la nomenclature qui précède, c'est que jamais la peinture sur verre ne rencontra plus de faveur et ne produisit un plus grand nombre d'œuvres en Angleterre que pendant les deux derniers siècles, qui chez nous, au contraire, furent l'époque de sa rapide décadence, et finalement de son abandon complet.

Italie.

Que la peinture sur verre ait été cultivée de très bonne heure en Italie, cela n'est pas douteux. Nous avons à ce sujet les textes les plus précis. On lit au livre III de la *Chronique du Mont-Cassin* que, dès l'année 1058, l'abbé Desiderius avait orné de vitres *peintes* de diverses couleurs la salle capitulaire de ce célèbre monastère, et que, bientôt après, en 1066, il en fit placer d'autres dans l'église de Saint-Benoît[1]. Il ne reste rien aujourd'hui de ces vitraux, ni même de ceux qui purent être fabriqués en Italie dans le cours des deux siècles suivants. Mais, à défaut de monuments de

1. *Chron. Cassin.* Lib. III, cap. 10.

la peinture sur verre remontant à cette époque reculée, on a conservé, du moins, le nom de beaucoup de peintres qui ont cultivé cet art depuis le XIIIe siècle jusqu'à la fin du XVIe.

Comme tous les autres arts, celui-ci eut en Toscane, sinon son berceau, du moins l'un de ses principaux centres de production. Sienne, Florence et Arezzo comptent à eux seuls plus de peintres-verriers que tout le reste de l'Italie ensemble.

La fin du XIIIe siècle, première aurore de la renaissance italienne, nous montre déjà deux de ces artistes, Dono et Giunto, travaillant simultanément à Sienne en 1287. Puis, pendant le cours des deux siècles qui suivent, nous trouvons successivement dans la même ville : — de 1310 à 1323, un nommé Giusto ; — peu après, Giacomo di Castello et son élève Ranieri ; — en 1379, Francesco Fornica, — et en 1389, Andrea di Mino ; — puis, après eux : de 1404 à 1416, un dominicain nommé Fra Ambrogio di Bindo ; — en 1432, Giustiniano di Todi ; — en 1452, un moine augustin appelé Cristoforo di Contro ; — en 1464, Nicolas de Allegretis ; — en 1474, Guasparre di Volterra ; — enfin, toujours au même siècle, Tommè di Luca, Giovanni Falesome et Giacomo di Paolo. — Le seul peintre sur verre à nous connu pour avoir travaillé à Sienne postérieurement à cette date, est Pastorino, qui acheva, en 1549, la rose du grand portail de la cathédrale.

La peinture sur verre, on le voit, ne fut guère florissante à Sienne que pendant deux siècles, le XIVe et le XVe. Il en fut à peu près de même dans tout le reste de l'Italie. En même temps qu'à Sienne et avec non moins de succès, l'art de peindre sur le verre était cultivé dans plusieurs autres villes de la Toscane et des états voisins.

Florence possédait, dès l'an 1389, un peintre-verrier nommé Tuccio ; — de 1447 à 1453, le même art y était exercé par les peintres Giovanni di Andrea et Carlo di Niccolo, — et, en 1477, par deux religieux appelés Fra Bernardo et Fra Cristofano ou Cristoforo.

Mais un autre artiste, justement célèbre entre tous, devait, lui aussi, doter la capitale de la Toscane d'admirables peintures sur verre. Je veux parler de Ghiberti, le grand sculpteur dont les portes du baptistère de Florence ont immortalisé le nom. Comme la plupart des maîtres de la Renaissance italienne, Ghiberti abordait à la fois toutes les branches de l'art. Vasari[1] lui attribue la plupart des fenêtres circulaires qui entouraient la coupole de S. Maria del Fiore, sauf une seule d'entre elles, représentant le mariage de la Sainte-Vierge, qui était de la main de Donato. Ghiberti avait peint, en outre, les trois grandes verrières placées au-dessus de la porte principale de la

1. *Vite de' più eccelenti pittori, scultori e architetti*, in-4°. Rome, 1749, t. I, p. 225.

même église et la rose de la façade de Santa Croce. Vasari assure qu'il fit également un couronnement de la Vierge pour Arezzo.

Arezzo, petite ville aujourd'hui sans importance, mais qui s'honore d'avoir donné le jour à plus d'un homme illustre, posséda, elle aussi, au XIVe siècle, plusieurs peintres sur verre fort habiles. Le plus ancien d'entre eux est Domenico Pecori, qui vivait en 1450. Le plus célèbre, Français d'origine, connu sous le nom de Guillaume de Marseille, s'était fait tout jeune une grande réputation dans son art. Mais ayant eu, l'on ne sait comment, le malheur de tuer un homme, Guillaume ne trouva rien de mieux pour se soustraire à la justice séculière de son pays que de se faire dominicain et de sortir de France, à la faveur de son nouvel habit, pour chercher un asile sûr dans quelque couvent de son ordre en Italie. Ce refuge lui fut offert à Arezzo. A peine en sûreté, Guillaume, dont le talent était fort apprécié par ses supérieurs, retourna à ses pinceaux, et, à l'exemple de beaucoup de religieux italiens de cette époque, ne s'occupa plus que de la pratique de son art. Les églises d'Arezzo s'enrichirent d'une foule de ses œuvres.

Or, vers le même temps, le pape Jules II ayant chargé Bramante de faire décorer de vitres peintes les fenêtres de son nouveau palais, le célèbre architecte crut ne pouvoir mieux faire que d'en confier l'exécution à Guillaume de Marseille, à qui il adjoignit un autre religieux français nommé Claude, également habile peintre sur verre. Guillaume et Claude, appelés a Rome, y firent en commun de nombreux ouvrages, tant au Vatican qu'à Santa-Maria-del-Popolo. Malheureusement, quelques années après, lors du siège de Rome par le connétable de Bourbon, ces magnifiques vitraux furent détruits pour faire des balles d'arquebuse avec le plomb de leur monture.

Les deux religieux associés avaient fait fortune. Claude en profita si bien pour se livrer à son goût pour la bonne chère qu'il mourut bientôt par suite d'excès de table. Guillaume, désormais seul, retourna en Toscane, se fit naturaliser citoyen d'Arezzo, exécuta encore de nombreux ouvrages pour cette ville, pour l'église Sainte-Félicité de Florence, pour Castiglione-del-Lago près Pérouse, et pour Cortone où il peignit une nativité du Christ et son baptême.

Vasari, qui admirait beaucoup les vitraux de Guillaume, dit qu'ils étaient peints sur des verres fabriqués par Francesco Livi, de Gambassi, près Volterra, et que, ces verres étant malheureusement trop montés de ton, cela nuisait un peu à leur transparence[1].

Guillaume de Marseille mourut en 1537, à l'âge de soixante-deux ans. Il avait formé plusieurs élèves, parmi lesquels il faut compter Benedetto

1. T. II, p. 136 et suiv.

Spadari de Rome, Batista Borro d'Arezzo et Maso Porro de Cortone. Cette dernière ville eut encore, au XVIe siècle, un peintre-verrier, Michel-Ange Urbani, qui y travaillait en 1564.

Dans les États Pontificaux, nous trouvons encore la peinture sur verre représentée :

A Rome, en 1447, par un moine nommé Fra Giovanni ;

A Orvieto, dès le XIVe siècle, par Francesco di Antonio et par Andrea di Mino ; au XVIe, par Domenico di Stefano ;

A Pérouse, en 1411, par le moine Fra Bartolomeo ; — en 1446, par Francesco Barone, — et, plus tard, par le Flamand Nicolas Arrigo ;

A Bologne, au XVe siècle, par un autre étranger, Jacques l'Allemand, natif d'Ulm (1411), qui obtint, dit-on, les honneurs de la béatification, et, en 1575, par un Frison nommé Gérard Ornerio[1].

Dans le nord de l'Italie, nous trouvons la peinture sur verre également cultivée à Venise dès le commencement du XIVe siècle, et particulièrement florissante à Milan pendant tout le cours du XVe.

Venise, la ville du verre par excellence, ne pouvait rester étrangère à une de ses plus brillantes applications. Aussi voyons-nous, dès l'an 1335, un nommé Mano occupé à décorer de vitres peintes une chapelle dei Frari. Cependant nous ne

1. Ce nom et ceux de la plupart des peintres flamands ou hollandais employés en Italie semblent avoir été singulièrement dénaturés par les auteurs qui nous les ont transmis.

lui connaissons que très peu de successeurs. Venise paraît avoir eu plus à cœur d'assurer la prospérité de sa belle industrie, en fournissant la matière première aux autres villes d'Italie, qu'en leur fournissant des artistes pour la mettre en œuvre. Nous trouverons cependant encore, au siècle suivant, deux peintres vénitiens à Milan.

A Milan, en effet, c'était tout autre chose. Là, on venait de construire une immense cathédrale qui, par sa forme non moins que par son étendue, offrait à la peinture sur verre le champ le plus vaste qu'on pût imaginer. Aussi vit-on, pendant toute la première moitié du xve siècle, une nuée de peintres sur verre s'abattre sur cette magnifique église.

Le premier en date est un certain Paolino de Montorfano, qui y travaillait dès l'an 1404. — En 1407, le vénitien Tomaso Diassantis était appelé à Milan en qualité de *maestro di fenestre da vetro*. A la date de 1416, nous trouvons mentionnés dans les registres de l'œuvre de la cathédrale trois peintres (qui semblent avoir été Français d'origine), avec le titre de *magistri a vitreatis*. Ils se nommaient Bartolomeo (di Francia), Stefano da Pandino et Zanino Agni. — Puis prennent rang successivement un autre vénitien nommé Nicolas en 1417; — puis, en 1419, Giovannino Recalcato, Michellino Mulinari de Bisotio, et Maffiolo de Crémone, — après eux Cristoforo de Zavattaris, — et enfin Cristoforo de Scrofatis, qui travailla de 1429 à 1438. Ce dernier clôt la liste : après lui (et bien longtemps après), nous ne trouvons qu'un étranger, Conrad de Cologne, employé à la vitrerie de la cathédrale de Milan en 1548.

C'est une chose remarquable qu'il en fut à peu près de même dans toute l'Italie. On n'y rencontre plus guère au XVIe siècle que des peintres sur verre étrangers. A Venise seulement, nous voyons encore à cette époque un Italien, Girolamo Mocetto, peindre d'après Vivarino de grandes verrières qu'on admire encore. Mais, à Florence même, la peinture sur verre n'est plus représentée que par des étrangers, deux peintres flamands connus seulement par leurs prénoms de Georges et de Gauthier.

Enfin, Vasari nous fait encore connaître (mais sans indiquer les lieux où ils travaillèrent) trois Flamands, Jacques Felaert, Jean Ack et Borghese, d'Anvers, et deux Hollandais, Dirck Stass, de Campen, et Aert Van Oort, de Nimègue.

On voit par là et par ce qui précède que, de tout temps, les étrangers figurent dans une large proportion parmi les peintres-verriers qui ont contribué à décorer les églises de l'Italie.

Mais ce qu'il y a surtout lieu de remarquer, c'est qu'à peu d'exceptions près, la pratique de la peinture sur verre cessa d'être cultivée par les artistes italiens à partir de la fin du XVe siècle. Dans aucun autre pays, cette branche de l'art ne fut abandonnée aussi tôt.

Espagne.

L'Espagne est certainement l'un des pays de l'Europe où la peinture sur verre fut le plus tardivement cultivée. Elle n'y apparaît guère que vers la fin du XIVe siècle, et toutes les recherches de l'académie de Saint-Ferdinand n'ont pu faire découvrir aucun nom de peintre-verrier antérieur au commencement du XVe. Le plus ancien qu'on ait recueilli est celui du peintre Dolfin, qui travaillait à Tolède en 1418. Cette ville, qui paraît ainsi avoir été en quelque sorte le berceau de la peinture sur verre en Espagne, fut aussi celle où cet art fut le plus constamment cultivé à partir de cette époque. Elle produisit une succession non interrompue d'artistes en ce genre, parmi lesquels figurent, selon l'ordre chronologique : en 1429, Luiz ou Louis, qui paraît avoir été Français d'origine ; — en 1439, Pedro Bonifacio ; — en 1459, Pablo, Cristobal et un autre artiste français nommé Pedro ou Pierre. Puis viennent au XVIe s. : en 1503, Vasco de Troia (Français sans doute, lui aussi, et originaire de la ville de Troyes qui possédait alors une si florissante école de peinture sur verre), et après lui : en 1509, Alexo Ximenes ; — en 1513, Juan de la Cuesta et Gonzalo de Cordoue ; — en 1522, Juan Campa ; — en 1534, Juan de Ortega ; — en 1574, Nicolas de Vergara dit le Vieux, souche d'une famille de peintres-verriers, dont l'un des membres,

Juan de Vergara, travaillait en 1590, et un autre, N. de Vergara, surnommé *el Mozo*, en 1606. — Enfin, pour compléter la liste des verriers de Tolède dont les noms sont parvenus jusqu'à nous, il me reste à citer Manuel Aparicio, qui vivait au XVIIIe siècle.

La ville d'Espagne qui, après Tolède, posséda le plus grand nombre de peintres sur verre est Séville. Mais leur art ne semble avoir été pratiqué qu'un siècle plus tard qu'à Tolède. Les plus anciens dont les noms soient parvenus jusqu'à nous paraissent même avoir été des étrangers. C'est d'abord un Allemand, Christophe Micier, qui peignait en 1504 ; — puis, en 1510, un autre artiste, simplement désigné sous le nom de Jean, fils de Jacques, qui passe pour avoir été Français ; — en 1518, Bernardin, dont le surnom de Gelandia (de Zélande) semble indiquer qu'il était originaire des Pays-Bas. A la même date cependant, nous trouvons également à Séville un peintre sur verre espagnol, Juan Vivan ; et, après lui : — en 1519, Juan Bernal ; — en 1526, Pedro Fernandez ; — en 1538, Arnao de Vergara (sans doute de la même famille que les peintres de ce nom qui travaillaient à Tolède vers la fin du siècle) ; — en 1557, un Flamand, nommé Arnaud ; — en 1559, Sébastien de Pesquera, dont le nom semblerait indiquer une origine italienne ; — en 1562, un autre Flamand, Charles Bruxes, — et, en 1569, Vicente Menandro.

Burgos et Avila produisirent aussi bon nombre

de peintres sur verre, dont les premiers connus sont Juan de Valdivieso qui travaillait en 1497, et Juan de Santillana en 1498. Un Hollandais, Nicolas de Hollande, et un Français, Georges de Bourgogne (Jorge de Borgona), exerçaient leur art dans les mêmes lieux en 1535 et 1541. Dans le courant du XVIe siècle, travaillaient également à Burgos Diego de Salcedo, Arce, Francisco Espinosa et son fils Hernando. En 1624, Valentin Ruiz y faisait quelques restaurations.

Les splendeurs de Madrid sont de plus récente origine. Aucun peintre sur verre connu n'y travailla avant la deuxième moitié du XVIe siècle. Pélégrin Resen[1] et son fils Renier, qui vivaient en 1565, y ont laissé la réputation d'un grand talent. Un Allemand, nommé Ulrich Estaenheyl, peignait également à Madrid vers cette époque. Au commencement du siècle suivant nous y trouvons encore : — en 1600, Antonio Pierres et Diego de Ludeque ; — en 1602, Diego del Campo ; — et, en 1605, Georges Babel, dont la nationalité paraît douteuse.

La décoration du célèbre palais de l'*Escorial* ne remonte également qu'à la seconde moitié du XVIe siècle. Parmi les peintres sur verre qui y concoururent, on a conservé les noms de Diego Diaz, Galceran, François et Fernand de Espinosa, qui travaillaient de 1565 à 1571.

1. Le même sans doute que Pelgrin Roesen qui travaillait à Gand et à Bruxelles vers la même époque.

Nous trouvons encore la peinture sur verre cultivée à Cuença : — en 1548, par un Hollandais nommé Géraud ; — en 1562, par Diego de Valdivieso, et aussi par ce même Sébastien de Pesquera qui peignait à Séville.

Dans la seconde moitié du XVIe siècle, Juan Guasch peignait à Tarragone, et Octavio Valerio à Malaga. Enfin, cent ans plus tard, nous trouvons à Ségovie Francisco Herranz, dont le nom a une consonnance beaucoup plus allemande qu'espagnole, et Juan Danis, qui a laissé, dit-on, un précieux manuscrit sur la peinture sur verre conservé depuis lors dans les archives de l'église à la vitrerie de laquelle il a travaillé.

Remarquons, en terminant, deux choses :

La première, c'est que les artistes étrangers figurent pour plus d'un quart parmi les peintres sur verre connus de nous comme ayant contribué à la décoration des principales églises de l'Espagne.

La seconde, c'est que le XVIe siècle est le seul où la peinture sur verre ait été un peu généralement cultivée dans les diverses provinces de ce royaume.

Les pays que je viens de passer en revue ne sont pas les seuls qui possèdent des églises ornées de vitraux peints. Il s'en trouve d'un bout à l'autre de l'Europe, depuis Lisbonne jusqu'à Drontheim sur les confins de la Laponie. Mais, à ma connaissance, la peinture sur verre et ses monuments n'ont été jusqu'ici l'objet d'aucune étude spéciale dans les pays autres que ceux dont j'ai fait mention. Si les informations relatives à ces monuments font presque entièrement défaut, à plus forte raison ignorons-nous les noms de leurs auteurs. En Portugal seulement, on a gardé le souvenir de deux peintres sur verre du XVe s. qui contribuèrent à la magnifique décoration du célèbre couvent de Batalha, et encore sont-ce deux Flamands. L'un d'eux, maître Jean, y travaillait en 1459. L'autre, nommé Guillaume Belles, recevait en 1473 le titre de *Mestre dos Vidraços de el Rey*. En raison de leur nationalité, c'est parmi leurs compatriotes que j'ai dû leur réserver une place sur la liste générale qui va suivre.

LISTE ALPHABÉTIQUE

DES PEINTRES-VERRIERS ÉTRANGERS A LA FRANCE, DONT NOUS AVONS PU RETROUVER LE NOM.

Allemagne.

Acker (Peter). — Nordlingen. — 1452.
Baumgartner (Johann-Wolfgang). — Augsbourg. — 1712-1761.
Beneken (Johann). — (?). — 1640.
Besserer (Nikolaus). — Augsbourg. — XVIIIe s.
Brechtel (Johann). — Nüremberg. — † 1521.
Buno. — Hildesheim. — 1029-1039.
Conrad, de Cologne. — Milan. — 1548.

Cræmer. — Ulm. — 1480.
Daucher (Johann). — Nüremberg. — 1561.
Dax (Paul). — Innsbruck, Ensisheim. — XVIe s.
Dittmann (Hans). — Würtzbourg. — 1606.
Dürer (Albrecht). — Nüremberg. — 1470-1528.
Eberhard. — Klosterneubourg. — 1291.
Elzheiner. — (?). — XVIIe s.
Engelhart. — Reichenbach. — XVe s.
Ess (Hans). — Nüremberg. — 1594.
Estaenheyl (Ulrich). — Madrid. — 1566.
Faber (Johann-Ludwig). — Nüremberg. — XVIIe s.
Fæber (A.). — Halberstadt. — 1620.
Georges. — Francfort. — 1516.
Glæser (Hans et Klaus). — Ulm. — 1441-1460.
Goltzius (Johann). — Mülebrack. — 1550.
Guttenberger (Georges). — Nüremberg. — † 1670.
Hartmann (Joseph). — Augsbourg. — 1745.
Hebenstreit (Johann). — Münich. — 1554-1577.
Helmback (Abraham). — Nüremberg. — XVIIe s.
Henneberg (Rudolf). — Würtzbourg. — 1597.
Herwick. — Kremsmünster. — 1273-1315.
Hirsvogel (August). — Nüremberg. — † 1560.
Hirsvogel (Josias). — Nüremberg. — † 1589.
Hirsvogel (Weit). — Nüremberg. — 1461 † 1525.
Hirsvogel (Weit). — Nüremberg. — † 1553.
Jacques (le B.). — Ulm, Bologne. — 1411 † 1491.
Jean de Cologne. — Liège, Milan. — XVIe s.
Judmann. — Augsbourg. — 1415.
Juvenel (Nicolas, dit le Vieux). — Nüremberg. — † 1597.

Kircheim (Hans de). — Strasbourg. — 1348.
Kirnaberger (Martin). — Nüremberg. — XVIe s.
Konrad. — Breslau. — 1394.
Kundemann (Lorenz). — Würtzbourg. — 1593.
Lederer (les frères). — (?). — 1770.
Lindenfrost (Peter). — Ulm. — 1473.
Lindenmeyer (Hans). — Ulm. — XVIe s.
Margraff (Eckhart) de Minden. — Lucerne. — XVIe s.
Mayer. — Augsbourg. — 1770.
Merlo. — Cologne. — 1509.
Micier (Christophe). — Séville. — 1504.
Neidhart (Thomas) de Feldkirch. — Insbrück. — XVIe s.
Reiners (Jelle). — Sueck. — 1600.
Rieder (Georg). — Ulm, Wettingen. — XVIIe s.
Rüscher (Hans), de Bade. — Lucerne. — † 1569.
Schapper (Johann). — Haarbourg près Hambourg. — XVIIe s.
Schœn (Hans). — Ulm. — 1495-1514.
Schorndorff (Conrad). — Ulm. — 1473.
Schwed. — Francfort. — 1516.
Spielberg. — Düsseldorf. — 1619.
Sprengler (Sébastien). — Constance. — XVIIe s.
Sprengler (Wolfgang). — Constance. — 1663.
Stass (Johann). — Campen. — XVIe s.
Stass (Theodor). — Campen. — XVIe s.
Stimmer (Abel). — Isenheim. — XVIe s.
Trautenwolf (Egid). — Münich. — XVe s.
Unverdorben. — Nüremberg. — 1650.
Volkert (Daniel). — Augsbourg. — XVIIIe s.

Wald (Gallus). — Nüremberg. — XVIe s.
Walterius. — Klosterneubourg. — 1263.
Wernher. — Tegernsee. — 1068-1091.
Weydenmüllerin. — Dresde. — 1770.
Wiedmann (Georg). — Nüremberg. — 1589.
Wild (Hans). — Ulm. — 1480.

Suisse.

Abesch (Antoine). — Müri. — XVIe s.
Abesch (Barbe). — Müri. — XVIe s.
Aegeri (Jean-Henri d'). — Wettingen. — 1623.
Amman (Jobst). — Zürich, Nüremberg. — XVIe s.
Anthoni. — Bâle. — 1505.
Asper (Hans). — Zürich. — XVIe s.
Balthaser. — Lucerne, Altdorf. — 1488-1517.
Boppe. — Bâle. — XIVe s.
Bucher (David). — Sürsee. — 1641-1678.
Buockmann (Jost). — Lucerne. — 1613-1618.
Dax (Paul). — Innsbruck, Ensisheim. — XVIe s.
Dettikofer (Rudolf). — Lucerne. — 1520-1556.
Dottling (Hans). — Lucerne. — 1648-1656.
Eckart (Jost). — Lucerne. — 1562 † 1591.
Egeri (Carl von). — Zürich. — 1550.
Fallenter (Franz), de Lucerne. — Rathausen. — 1580-1611.
Fallenter (Jost). — Lucerne. — XVIIe s.
Fuchs (Hans). — Lucerne. — 1404-1445.
Geiger (Jean-Georges). — Zürich. — 1597-1674.
Geilinger (Johann-Jakob), père et fils. — Lucerne. 1638-1656.

Gœschel (Oswald). — Maschwanden. — 1513.
Grissach (Peter von). — Lucerne. — 1551-1566.
Guldiner (Hans). — Isenheim. — 1478-1487.
Haffner (Wilhelm). — Soleure, Lucerne. — 1589.
Hagerich. — Coire, Isenheim. — 1570-1578.
Hammerer (Matthæus). — Lucerne. — 1522-1541.
Han (Balthazar). — Bâle. — † 1598.
Harbogen (Benedict). — Lucerne. — 1516.
Harer (Nicolas, dit). — Bâle. — XVe s.
Hauser (Jost). — Lucerne. — 1648.
Hegli. — Hoffzungerau. — XVIIe s.
Heinrich (Hans-Ulrich). — Fribourg. — 1589.
Hermann. — Bâle, Strasbourg. — 1420-26.
Hinderegger (Vit). — Meersburg, Lucerne. — 1574-1596.
Hoch (Hans). — Lucerne. — 1496.
Intaler (Wolfgang). — Lucerne. — 1484-1508.
Jakob (Hans). — Sürsee. — XVIIe s.
Jost (Hans). — Sürsee. — XVIIe s.
Kochli (Hans). — Lucerne. — 1500.
Kraft (Joseph). — Lucerne. — 1600-1610.
Kraft (Martin). — Lucerne. — 1600-1610.
Kreyenbühl (Alexander). — Lucerne. — 1551-1552.
Kuffer (Hans). — Lucerne. — 1568.
Lang (Hans-Caspar). — Fribourg. — 1570.
Lingk (Barthélemy). — (?). — 1580.
Lingk (Bernard). — Eberstein, Molsheim. — 1621-1624.

Lingk (Lorenz). — Eberstein, Molsheim. — 1524-1531.

Lipp (Hans). — Lucerne. — 1573-1595.

Loisel (Janinus). — Genève. — 1429.

Ludmann. — Bâle. — 1423.

Mannewetsch ou Wannenwetsch. — Bâle. — 1730.

Margraff (Eckart), de Minden. — Zürich, Lucerne. — 1577-1594.

Margraff (Jost). — Lucerne, Appenzel. — 1580-1616.

Maurer (Christophe). — Zürich. — 1598.

Maurer (Josias). — Zürich. — 1530-1581.

Maurer (Josias, dit junior). — Zürich. — 1564-1631.

Menlin. — Bâle. — 1373.

Meyer (Ludwig). — Lucerne. — 1619-1631.

Meyer (Dietrich). — Zürich. — 1571-1628.

Moser (Jost). — Lucerne. — 1535-1577.

Moser (Martin). — Lucerne. — 1538 † 1570.

Müller (Michel). — Zug. — 1580.

Müller (Paul). — Zug. — 1639.

Müller (Peter). — Lucerne. — 1521-1556.

Nüscheler (Christophe). — Zürich. — 1580-1615.

Opfer (Caïn et Abel). — (?). — 1574.

Pfyfer (Jacob). — Lucerne. — 1525.

Rauff (Hans-Heinrich). — Lucerne, Blatten. — 1629-1658.

Rebach (Gaspard). — Lucerne. — 1579-1615.

Schilliger (Joh.-Ant.). — Lucerne. — XVIIe s.

Schorndorf (Conrad de). — Lucerne. — 1480-1524.
Sidler (Rudolf). — Lucerne. — 1478.
Sprüngli (Jakob) de Zürich. — Nüremberg. — 1598.
Stadler (Gottfried). — Zürich. — XVIe s.
Steiner (Léonard). — Lucerne. — 1648.
Stimmer (Abel). — Schaffhouse, Isenheim. — 1570-1578.
Stimmer (Christophe). — Schaffhouse. — 1570.
Stimmer (Tobias). — Schaffhouse. — 1570.
Stœr (Joseph). — Untersee. — 1627.
Stracholfus. — S. Gall. — IXe s.
Strasser (Jean-Rodolphe). — Zürich. — 1680.
Thuot (Charles). — Lucerne, Sürsee. — 1673-1675.
Thuot (Charles-Louis). — Sürsee. — 1687.
Thuot (Jean-Christophe). — Sürsee, Lucerne. — XVIIIe s.
Trommeter (Heinrich). — Ruswyl. — 1619-1627.
Tschapp (Hans-Jost). — Sürsee. — 1634-1712.
Tschapp (Heinrich). — Sürsee. — 1625-1641.
Wægmann (Jacob). — Bruch. — 1605-1656.
Walter (Frédéric). — Berne. — XVe s.
Weber (Heinrich). — Zürich. — 1566.
Werner (Hans). — Lucerne. — 1473-1486.
Werner (Hans). — Lucerne, Munster. — 1600.
Winterthur (Jean de). — Bâle. — 1373.
Wirzil (Heinrich). — Lucerne. — XVe s.
Wolf (Jean ou Jacques). — Zürich. — 1618.
Zerner (Lucas). — Zürich. — 1488-1511.
Ziltener (Franz). — Schwitz, Lucerne. — XVIIe s.

Belgique.

Adriaens (Lucas). — Anvers, Tournai. — XVe s.
Arnaud de Flandre. — Séville. — 1557.
Arrigo (Nicolas). — Italie. — XVIe s.
Assays ou Osshuys (Jean). — Bruxelles, Gand. — 1557.
Barre (Jean de la). — Anvers. — XVIIe s.
Bastoingne (Jean de). — Liège. — 1594.
Belles (Guillaume). — Portugal. — 1473.
Bloemsten (Nicolas). — Anvers. — XVIe s.
Boels (Pierre). — Louvain. — XVIe s.
Boels (Simon). — Louvain. — XVIe s.
Borghese, d'Anvers. — Italie. — XVIe s.
Brules (Gilles de). — Bruxelles. — XVIe s.
Bruxes (Charles). — Séville. — 1562.
Caloo (Jean de). — Gand. — XVe s.
Caumont (Jean de). — Louvain. — XVIIe s.
Charles. — Ypres. — † 1564.
Cloet (Jean). — Bruxelles. — XVe s.
Coedyck (Cornelis). — Bruges. — 1552.
Daniel (Louis). — Gand. — XVIe s.
Dierick. — Anvers. — XVIe s.
Digmann. — Anvers. — XVe s.
Doop (Jean). — Gand. — XVIe s.
Dox (Jean). — Gand. — XVIe s.
Du Bois (Hermann). — Malines. — XVIe s.
Du Bois (Pierre). — Malines. — XVIe s.
Eve (Adam). — Mons. — XVIe s.

Eve (Antoine). — Mons. — XVIe s.
Eve (Claes). — Mons. — XVIe s.
Eve (Jean). — Mons. — XVIe s.
Felaert (Jacob). — Anvers et Italie. — XVIe s.
Flemael (Guillaume). — Liège. — XVIe s.
Floris (Jacques de Vriendt). — Anvers et Bruxelles. — 1550.
Gheeraerts (Jean). — Bruges. — XVIe s.
Gheeraerts (Marc). — Bruges. — XVIe s.
Gheeraerts (Martin). — Angleterre. — 1590.
Gheerolf (Christian). — Bruges. — XVIe s.
Gualtieri et ses fils Jean-Baptiste et Georges. — Flandre. — XVIIe s.
Haecht (Jean). — Anvers, Bruxelles. — XVIe s.
Hardy (Jean). — Liège. — 1598.
Hemskerk. — Collection Zwierlein. — XVIe s.
Henry. — Mons. — XVe s.
Henry de Malines. — Chartreuse de Dijon. — 1383-1394.
Jacques. — Gand. — XVe s.
Jean. — Portugal. — 1459.
Jean de Cologne. — Liège. — XVIe s.
Joris (David). — Gand, Bâle. — 1501-1556.
Karl, d'Ypres. — † 1564.
Laurent. — Liège, Gand. — 1480.
Leumont (Dirck de). — Liège. — 1460.
Leumont (Thierry de). — Liège. — XVIe s.
Leumont (Uriéri?) — Liège. — 1595.
Lombart (Jean). — Bruges. — XVe s.
Loose (Jean de). — Anvers. — XVIIe s.

Louis (Daniel). — Gand. — XVIe s.
Lowichs (François). — Liège. — 1588.
Lucas, de Heere. — Gand. — 1584.
Martin. — Gand. — XVe s.
Meertens (Nicolas). — Bruxelles. — XVIIe s.
Motte (Godefroy de la). — Liège. — 1598.
Nivar (Jean). — Liège. — XVIe s.
Oshuys ou Assays (Jean). — Bruxelles, Gand. — XVIe s.
Pironnet (Nicolas). — Liège. — XVIe s.
Pisset (Tilman). — Liège. — 1590-1593.
Platevoet (Mathieu). — Ypres. — XVe s.
Pours (Georges). — Bruxelles. — (?).
Rambuicht (Cornélis). — Bruxelles. — XVIe s.
Ringle (Antoine de). — Bruges. — XVe s.
Roesen (Pelgrim). — Gand, Bruxelles. — XVIe s.
Rogiers. — Bruxelles. — XVIe s.
Rombouts (Claes). — Louvain. — XVIe s.
Sempy (P. de). — Bruxelles, Malines. — 1718.
Smelz (Guillaume). — Liège. — 1591.
Stoop (Jean). — Gand. — XVe s.
Tamburch (Cornelis). — Gand. — XVIe s.
Tubach (Paul). — Bruges. — XVIe s.
Van Balen (Henry). — Anvers. — XVIIe s.
Van Battele (Wouteren). Malines. — XVe s.
Van Bronckhorst. — Bruxelles. — 1638-1646.
Van Coxie (Michel). — Malines. — XVIe s.
Van Daele (Cornelis). — Anvers. — XVIe s.
Van Diepenbeeck (Abraham). — Anvers, Bruxelles. — 1607-1675.

Van Diependale (Heinric). — Louvain. — XVe s.
Van Eyck (Hubert, Johann et Marguerite). — Bruges. — XVe s.
Van Gheyn (Jacob). — Anvers. — 1565-1615.
Van Gheyn (Johann). — Anvers. — 1532-1582.
Van der Goes (Hugo). — Gand. — 1480.
Van den Hont. — Malines. — XVe s.
Van Linge (Abraham). — Oxford. — 1635-41.
Van Linge (Bernard). — Angleterre. — 1622-29.
Van der Lynde (Barthélemy). — Gand. — XVe s.
Van Meersche (Hans). — Oudenarde. — XVIe s.
Van der Meulen (Nicolas). — Alckmaer. — † 1694.
Van Orley (Bernard). — Bruxelles et Anvers. — 1490-1560.
Van Pede (Walter). — Bruxelles. — XVe s.
Van Puersse (Jean). — Bruxelles. — XVe s.
Van Purse (Joris). — Bruxelles. — XVe s.
Van Schoonbergen. — Louvain. — XVe s.
Van Thulden. — Bois-le-Duc, Bruxelles. — 1656.
Van der Veken (Johann-Bapt.). — Anvers. — XVIIe s.
Van der Veken (Peter). — Anvers. — XVIIe s.
Van der Weyden (Roger). — Bruxelles. — XVIe s.
Vereghen (Josse). — Anvers, Gorcum. — XV-XVIe s.
Vriendt dit Floris (Jacques de). — Anvers, Bruxelles. — XVIe s.
Waele (Mathieu de). — Bruges, Ypres. — 1556-1572.
Wert (Jean de). — Liège. — 1480.
Willems (Marc). — Malines. — 1527 † 1561.
Witte (Liéven de). — Gand. — XVe s.

Wypart (Antoine). — Liège. — 1587-1596.
Wypart (Hubert). — Liège. — 1593.

Hollande.

Albert, de Hollande. — Burgos et Avila. — 1520.
Angelecht (A.). — Amsterdam. — 1648.
Antiquus (Johann). — Groningue, Bréda. — 1702-1750.
Beneken (Johann). — (?). — 1604.
Bernaldino de Zélande. — Séville. — 1518.
Boekhorst (Johann). — Harlem. — XVIIe s.
Both et ses fils Jean et André. — Utrecht. — XVIIe s.
Brije (Adrian). — Gouda. — 1591-1597.
Bylert. — Utrecht. — XVIIe s.
Caan (Jacob). — Gouda. — XVIIe s.
Claessoon (Aert). — Leyde. — 1498-1564.
Clock (Cornelis). — Leyde, Gouda. — 1601-1603.
Cornelissen (Cornélis). — Amsterdam. — XVIe s.
Crabeth (Dirck). — Gouda. — 1555-1576.
Crabeth (Wouter). — Gouda. — 1561-1601.
Damesz (Johann). — Gouda. — XVIIe s.
Dow (Gérard). — Leyde. — XVIe-XVIIe s.
Duiven (Johann). — Gouda. — 1560.
Feddes. — Haerlingen. — 1620.
Fouchier (Bertrand). — Berg-op-Zoom. — 1609 † 1674.
Géraud, de Hollande. — Cuença. — 1548.
Golzius (Heinrick). — Mülebrack. — 1617.
Golzius (Johann). — Mülebrack. — 1550.

Guerard (Pieters). — Amsterdam. — XVIe s.
Hendriksz (Govert). — Gouda. — XVIe s.
Hoet (Gérard), avec son père et son frère. — La Haye. — 1648-1733.
Holsteyn (Peter). — Harlem. — XVIIe s.
Hort (Arnold). — Nimègue. — XVe s.
Jacobs (Hugues), père de Lucas. — Leyde. — (?).
Jansens (Peter). — Amsterdam. — 1612 † 1672.
Jansze (Claes). — Rotterdam, Gouda. — 1601.
Joachim. — Bois-le-Duc. — 1607.
Jorissone (Arnt). — Bois-le-Duc. — 1569.
Kouwhoorn (Peter). — Leyde. — 1626.
Kuffens ou Kussens (Cornelis). — Amsterdam, Gouda. — 1597-1618.
Lenards (Jacques). — Amsterdam. — XVIe s.
Lonk (Dirck). — Gouda. — XVIe-XVIIe s.
Lucas de Leyde. — 1494-1533.
Maarz (Jean). — Horn. — XVIIe s.
Nicolas de Hollande. — Burgos, Avila. — 1535.
Ornerio (Gérard). — Bologne. — 1575.
Ostofries (Johann). — Horn. — XVIIe s.
Ostofries (Katharina). — Alkmaer. — XVIIe s.
Poost (Johann). — (?) — 1620.
Razzet (Jakob). — Bois-le-Duc. — XVIIe s.
Stass (Dirck), de Campen. — Italie. — XVIe s.
Slob (Johann). — Edam. — 1643.
Swanenbourg. — Gouda. — (?).
Thibout (Wilhelm). — Harlem, Gouda, Delft. — 1560-1599.
Tomberge (Wilhelm). — Gouda. — † 1678.

Toornevliet (Abraham). — Delft. — XVIIe s.
Urye (Théodore de). — Gouda. — XVIIe s.
Uytenwael. — Gouda. — XVIe s.
Van Bronckhorst (Johann). — Utrecht. — XVIIe s.
Van Cool (Lorenz). — Delft. — 1550.
Van Deventer (Jean). — Bois-le-Duc. — 1567.
Van Dyck. — Bois-le-Duc. — XVIe s.
Van Kuyck (Jean). — Dordrecht. — 1560 † 1572.
Van der Masen (Everard). — La Haye. — XVIIe s.
Van der Meulen (Niklaus). — Alkmaer — † 1694.
Van Noord (Lampert). — Amsterdam, Gouda. — XVIe s.
Van Oort (Aert). — Nimègue, Italie. — XVIe s.
Van der Spelt (Adrian). — Gouda. — XVIIe s.
Van Thulden. — Bois-le-Duc. — XVIe s.
Van der Ulft (Jacob). — Gorcum. — 1627.
Van Veen (Gérard). — Groningue. — XVIIIe s.
Van Veen (Peter). — Groningue. — XVIIIe s.
Van Zyl (Dirck). — Utrecht, Gouda. — 1556-1596.
Vercurg (Jean). — Utrecht, Gouda. — XVIIe s.
Veregius ou Vereghen (Josse). — Gorcum. — XVe s.
Verhaast (Arthus). — Gouda. — † 1666.
Verhoek (Peter). — Gorcum. — † 1702.
Volkert (Claes). — Harlem. — XVIe s.
Vrije (Adrien de). — Gouda. — 1594-1597.
Vytenwael ou Uytenwael (père et fils). — Utrecht, Gouda. — XVIe s.
Westerhout. — Utrecht. — XVIIe s.
Zell. — Utrecht. — XVe s.

Angleterre.

Athelard (John). — Westminster. — 1351.
Bachler. — Westminster, Oxford. — XVIIIe s.
Becwitt. — Arundel. — XVIIe s.
Bownde (Richard). — Cambridge. — XVIe s.
Coventry. — Londres. — XIVe s.
Eginton (Francis). — Windsor, Oxford. — XVIIIe s.
Flower (Bernard). — Westminster. — XVIe s.
Forrest. — Windsor. — 1791.
Giles (Henry). — Oxford. — 1687.
Godfrey (Robert-Scot). — Paris. — 1769.
Hoone (Richard). — Cambridge. — XVIe s.
Jarvis. — Chelsea, Oxford. — 1783.
Key (Henry). — Wakefield. — 1799.
Langton (John). — Londres. — 1702-1714.
Lenne (Simon). — Westminster. — 1351.
Lenton (John). — Westminster. — 1351.
Lichesfield (Hugh de). — Westminster. — 1351.
Lincoln (John). — Westminster. — 1351.
Lockmann. — Windsor. — XVIIIe s.
Marlow (Lovegrove). — Oxford. — XVIIIe s.
Nicholson (James). — Cambridge. — XVIe s.
Oliver (Isaac). — Oxford. — 1700.
Pearson et sa femme. — Londres, Salisbury. — 1782.
Peckit (William). — Oxford. — XVIIIe s.
Picket. — Lincoln. — 1762.
Price (Joshua). — Oxford. — † 1765.
Price (William). — Oxford, Merton. — 1696-1702.

Price (William) junior. — Oxford, Gloucester. — 1708.

Pruddle (John) de Westminster. — Warwick. — XVe s.

Reve (Thomas). — Westminster, Cambridge. — XVIe s.

Rowe (Edward). — Londres. — † 1763.

Rowell. — Reading. — XVIIIe s.

Searson. — Oxford. — XVIIIe s.

Southwarts. — ? — XIVe s.

Sutton (Baptiste). — Shoderich. — 1635.

Symons (Simon). — Cambridge. — XVIe s.

Thornton (John). — Coventry, York. — XIVe s.

Williamson (Francis). — Cambridge. — XVIe s.

Italie.

Agni (Zanino). — Milan. — 1416.

Allegretis (Nicolas de). — Sienne. — 1464.

Andrea (Giovanni di). — Florence. — 1447-1453.

Antonio (Francesco di). — Orvieto. — 1377.

Arrigo (Nicolas). — Pérouse. — XVIe s.

Bartolomeo (Fra). — Pérouse. — 1411.

Bartolomeo di Francia. — Milan. — 1416.

Barone (Francesco). — Pérouse. — 1446.

Bernardo (Fra). — Florence. — 1477.

Bindo (Fra Ambrogio di). — Sienne. — 1404-16.

Borro (Batista). — Arezzo. — 1540.

Castello (Giacomo di). — Sienne. — XIVe s.

Claude. — Rome. — XVIe s.

Cristoforo (Fra). — Florence. — 1477.
Contro (Cristoforo di). — Sienne. — 1452.
Diassantis (Tomaso), de Venise. — Milan. — 1407.
Donato. — Florence. — XVe s.
Dono. — Sienne. — 1287.
Falesome (Giacomo). — Sienne. — XVe s.
Fornica (Francesco). — Sienne. — 1379.
Galterio Fiamingo. — Florence. — 1560.
Georgio Fiamingo. — Florence. — 1560.
Ghiberti (Lorenzo). — Florence, Arezzo. — XVe s.
Giovanni (Fra). — Rome. — 1447.
Giunto. — Sienne. — 1287.
Giustiniano di Todi. — Sienne. — 1432.
Giusto. — Sienne. — 1310-1323.
Guasparre di Volterra. — Sienne, Orvieto. — 1440.
Guillaume de Marseille. — Rome, Arezzo. — 1475-1537.
Livi (Domenico). — Arezzo, Florence. — 1436.
Livi (Francesco). — Florence, Lübeck. — 1434-1436.
Maffiolo, de Crémone. — Milan. — 1419.
Mano. — Venise. — 1335.
Mino (Andrea di). — Sienne, Orvieto. — 1389.
Mocetto (Girolamo). — Venise. — XVIe s.
Mulinari di Bisotio (Michellino). — Milan. — 1419.
Niccolo (Carlo di). — Florence. — 1447-1453.
Nicolas, de Venise. — Milan. — 1417.
Ornerio (Gérard). — Bologne. — 1575.
Paolino di Montorfano. — Milan. — 1404.
Pandino (Stefano da). — Milan. — 1416.

Paolo (Giacomo di). — Sienne. — XVe s.
Pastorino. — Sienne. — 1549.
Pecori (Domenico). — Arezzo. — 1450.
Porro (Maso). — Cortone. — XVIe s.
Ranieri. — Sienne. — XIVe s.
Recalcato (Giovannino). — Milan. — 1419.
Scrofatis (Cristoforo de). — Milan. — 1429-1438.
Spadari (Benedetto). — Rome. — 1540.
Stass (Dirck), de Campen. — Italie. — XVIe s.
Stefano (Domenico di). — Orvieto. — XVIe s.
Tommè di Luca. — Sienne. — XVe s.
Tuccio. — Florence. — 1389.
Urbani (Michel-Angelo). — Cortone. — 1564.
Zavattaris (Cristoforo de). — Milan. — 1417.

Espagne.

Alberto de Hollanda. — Tolède et Avila. — 1520.
Aparicio (Manuel). — Tolède et Léon. — XVIIIe s.
Arce. — Burgos. — 1581.
Arnao de Flandes. — Séville. — 1557.
Babel (Jorge). — Séville. — 1605.
Bernal (Juan). — Séville. — 1519.
Bernaldino de Gelandia. — Séville. — 1518.
Bonifacio (Pedro). — Tolède. — 1439.
Bruxes (Carlos), Flamand. — Séville. — 1556.
Campa (Juan). — Tolède. — 1522.
Campo (Diego del). — Madrid. — 1602.
Cristobal. — Tolède. — 1459.
Cuesta (Juan de la). — Tolède. — 1513.
Danis (Juan). — Ségovie. — 1676.

Diaz (Diego). — Escorial. — 1565.
Dolfin. — Tolède. — 1418.
Espinosa (Francisco). — Burgos. — XVIe s.
Espinosa (Hernando). — Escorial. — 1571.
Estaenheyl (Ulrich), Allemand. — Madrid. — 1566.
Fernandez (Pedro). — Séville. — 1526.
Galceran. — Escorial. — 1571.
Giraldo de Hollanda. — Cuença. — 1548.
Gonzalo de Cordoue. — Tolède. — 1513.
Guasch (Juan). — Tarragone. — 1571.
Herranz (Francisco). — Ségovie. — 1680.
Juan, fils de Jacobo. — Séville. — 1510.
Jorge de Borgona. — Burgos. — 1541.
Ludeque (Diego de). — Madrid. — 1600.
Luiz. — Tolède. — 1429.
Menandro (Vicente). — Séville. — 1569.
Micier (Cristobal), Allemand. — Séville. — 1504.
Nicolas de Hollande. — Burgos et Avila. — 1535.
Ortega (Juan de). — Tolède. — 1534.
Pablo. — Tolède. — 1459.
Pedro Frances. — Tolède. — 1459.
Pesquera (Sebastian de). — Séville et Cuença. — 1559-1562.
Pierres (Antonio). — Madrid. — 1600.
Resen ou Roesen (Pelegrin). — Madrid. — 1565.
Resen (Renerio). — Madrid. — 1565.
Ruiz (Valentin). — Burgos. — 1624.
Salcedo (Diego de). — Burgos, Avila, Palença. — 1542.

Santillana (Juan de). — Burgos, Avila. — 1498-1550.

Valdivieso (Diego de). — Cuença. — 1562.

Valdivieso (Juan de). — Burgos et Avila. — 1497.

Valerio (Octavio). — Malaga. — 1579.

Vasco de Troia. — Tolède. — 1503.

Vergara (Arnao de). — Séville. — 1538.

Vergara (Juan de). — Tolède. — 1590.

Vergara (Nicolas de), le vieux. — Tolède. — 1574.

Vergara (N. de), dit *el Mozo*. — Tolède. — 1606.

Vivan (Juan). — Séville. — 1518.

Ximenes (Alexo). — Tolède. — 1509.

Nogent-le-Rotrou, imprimerie Daupeley-Gouverneur.

www.ingramcontent.com/pod-product-compliance
Lightning Source LLC
LaVergne TN
LVHW010039230826
846091LV00005B/1779

9782012737280